Eva Kroth

SONNE UND MOND
IN UNS

EVA KROTH

SONNE UND MOND IN UNS

ZWEI EINFACHE GEISTIGE ÜBUNGEN
ZUR AKTIVIERUNG
UNSERER HÖCHSTEN INNEREN
KRAFTQUELLEN

ZWEITAUSENDEINS

1. Auflage, Oktober 1995.
2. Auflage, Februar 1996.
3. Auflage, Oktober 1996.
Originalausgabe.

Lektorat Dagmar Kreye
Umschlagentwurf Helene Fischer, Hamburg.
Satz und Herstellung
Dieter Kohler & Bernd Leberfinger, Nördlingen.
Schriften Old Style, Berkeley und Schneidler-Initialen.
Druck Wagner GmbH, Nördlingen.
Einband G. Lachenmaier, Reutlingen.
Printed in Germany.

Dieses Buch gibt es nur bei Zweitausendeins
im Versand (Postfach, D-60381 Frankfurt am Main) oder
in den Zweitausendeins-Läden in Berlin, Düsseldorf, Essen,
Frankfurt, Freiburg, Hamburg, Köln, München,
Nürnberg, Saarbrücken, Stuttgart.

In der Schweiz über buch 2000,
Postfach 89, CH-8910 Affoltern a. A.

ISBN 3-86150-149-X

Inhalt

Wir sind Licht und Form 9

1 Über die Wirkung von spirituellen Übungen . . 11
2 Über praktischen Menschenverstand und Spiritualität 17
3 Über die Aura des Körpers und die Aura der Erde 23
4 Über die Wirkung der beiden Übungen in diesem Buch 29
5 Über den richtigen Zeitpunkt für die Übungen 33
6 Über die Bedeutung von Symbolen 37
7 Über die Symbole der beiden Übungen 43
8 Die Übungen 51
9 Über die beiden Übungen als Sterbebegleitung 57

Bücher 61

Für meinen Mann, Bruder und Sohn
für meine Freundin, Schwester und Tochter
und für alle, die Freude haben,
mit Licht zu spielen
und Licht und Form zu sein.

Wir sind Licht und Form

Meine Tiere und ich sind wieder
in der Ebene der Kristalle.
Wir bilden eine gemeinsame Energie
in Licht und Form.
Wir sind im Licht.
Jetzt gehen wir auf die Grenze zu.
Gemeinsam schreiten wir über die Grenze.
Dort ist die Materie, dort herrscht
das Gesetz von schwarz und weiß.
Dort herrscht die Trennung, dort ist Form.
Wir gehen in die Form.
Wir sind jetzt Licht und Form
und schwingen hier und dort.
Wir betreten die Schattenwelten,
die von Licht durchdrungen sind.
Silbern leuchtet das Wissen
von der Unendlichkeit der Formen und Arten.
Als alle Formen schreiten wir
in goldene Sphären.
Dann gehen wir in unsere wahre Heimat.
Im Nichts und in Allem sind wir in diesem Moment
hier und überall.

1
Über die Wirkung von spirituellen Übungen

Wir arbeiten bei spirituellen Übungen mit unserer Vorstellungskraft. Wir stellen uns ein Bild oder einen Gedanken vor. Diese Vorstellung wirkt in uns. Wir erschaffen mit unserer Gedankenkraft eine geistige Realität. Je mehr Raum wir dieser von uns neu geschaffenen Realität geben, desto stärker kann sie in uns wirken und unser Leben positiv beeinflussen.

Eine der einfachsten Formen von spiritueller Übung ist das positive Denken. Dabei wandeln wir mit positiven Gedankenimpulsen unsere Einstellung zu den Dingen. Durch diese veränderte Einstellung kann sich unsere Handlungsweise ändern und damit unser Leben.

Wir formen und gestalten unser Leben.

Spirituell betrachtet ist unser Selbst nicht nur der Teil von uns, den wir kennen, sondern eine multidimensionale Persönlichkeit. Sie setzt sich aus den Erfahrungen vieler vergangener und zukünftiger Leben und unserer jetzigen Existenz zusammen. Nennen wir diese Energie, die alles Wissen aus vielen Leben gespeichert hat, unser Höheres Selbst, so ist dieses wissende Höhere Selbst die Gestalterin unseres Schicksals. Wir können dieses wissende Höhere Selbst auch Überbewußtsein nennen.

Oft machen wir die Erfahrung, daß wir geläutert aus Leiden hervorgehen. Erst hinterher können wir eine Krankheit oder eine schwere Lebensphase als sinnvoll akzeptieren, weil wir einen tiefen Sinn hinter dem Geschehen entdecken.

Für uns ist es kaum möglich, den Sinn hinter dem schrecklichen Leiden auf der Erde zu erkennen. Ich habe durch meine spirituellen Erfahrungen gelernt, daß es parallele Realitäten gibt zu unserem Leben auf der Erde, in denen der Sinn des Leidens und des Schicksals klarer und einleuchtender wird. Je mehr wir unser Bewußtsein öffnen für weitere Realitätsebenen oder Dimensionen in uns und der Erde, desto besser können wir unser Leben und unser Schicksal verstehen.

Der Weg dahin führt über das Loslassen von festen Glaubensvorstellungen.

Für unser jetziges Leben haben wir uns ein Zeitalter gewählt, in dem die materialistische, naturwissenschaftliche Betrachtungsweise vorherrscht. Erst lang-

sam dringt in das Bewußtsein vieler Menschen, daß es mehrere Realitätsebenen und Dimensionen gibt, die unser Leben bestimmen.
Erst langsam lernen wir, daß wir nicht nur in einem physischen Körper leben, sondern daß unser Körper feinstofflich auch in andere Realitätsebenen hineinreicht.
Erst langsam lernen wir, wie stark und kraftvoll unser Bewußtsein sein kann.
So kraftvoll, daß wir mit unserem Geist Realitäten erschaffen können, die unser Leben und unsere Zukunft mitgestalten.
Nach meinen Wahrnehmungen haben spirituelle Übungen eine sehr große Wirkung auf die Aura. Die Aura ist unser feinstofflicher Energiekörper, der unseren physischen Körper umgibt. Sie besteht aus mehreren Schichten von Lichtenergie, die in verschiedenen Frequenzen schwingen. Die verschiedenen Schichten werden Astralkörper, Mentalkörper und spiritueller Körper genannt. Alle Schichten zusammen nennen wir die Aura. Sie bildet ein hochkompliziertes Energiesystem, das im direkten Austausch mit unserem Körper steht. Jedes Gefühl, jede Erfahrung, jede Krankheit spiegelt sich in den verschiedenen Energiekörpern. Alles wird gespeichert und verarbeitet. Alles fließt in Farben, Lichtströmen, in hellen

und dunklen Schattierungen hin und her, schwingt in den Körper hinein, hinaus und wandelt sich ständig.
Dieser Energieaustausch findet auf mehreren Schwingungsebenen statt. Auf den höheren Schwingungsebenen sind wir im Kontakt mit unserer Vergangenheit und unserer Zukunft. Unsere feste irdische Zeitvorstellung ist nur an unsere hiesige feste Materie gebunden.
Wir arbeiten in diesem Buch mit zwei Visualisierungsübungen. Visuelle Übungen werden direkt von der Aura aufgenommen, von dort in unseren Körper gestrahlt und wieder in die Aura geleitet. Durch schöne, lichte Vorstellungen erhellen wir unsere Aura. Das hat heilende Rückwirkungen auf Körper, Geist und Seele.
Wenn wir im Umgang mit unserem feinstofflichen Körper noch nicht sehr vertraut sind, dauert es manchmal eine Zeitlang, bis wir die Wirkung von spirituellen Übungen spüren können. Die Übungen sollten oft wiederholt werden. Denn so, wie wir reale Dinge in unserem Leben planen und Schritt für Schritt in die Tat umsetzen, so muß auch eine positive Veränderung in unserem Energiekörper allmählich wachsen und gedeihen.
Immer mehr Menschen können die Energievorgänge,

die durch spirituelle Übungen aktiviert werden, mit ihren inneren Augen sehen.
Außerdem trainiert das Üben selbst die innere Wahrnehmungsfähigkeit und stärkt unsere inneren Augen.
So wie wir sind auch Pflanzen und Tiere von einer Aura umgeben. Ihre und unsere Auren fließen und pulsieren in sich bewegenden Farbspielen in- und miteinander.
Bei Begegnungen tauschen wir uns mit allen Lebewesen nicht nur auf der uns bewußten Ebene aus, sondern auch auf vielen anderen Energieebenen.
Bilder und Gedanken beeinflussen uns auf vielen Ebenen. Wir empfangen und senden Energie aus, nicht nur auf der uns bewußten Ebene, sondern alles schwingt unendlich weit in vielen anderen Dimensionen.
Spirituelle Übungen sind dadurch nicht nur für uns selbst schön, sinnvoll und heilend, sondern können auch für unsere Umgebung ein harmonisierendes Farb- und Formenspiel voller Informationen sein.
In unserer Aura schimmern und strahlen positive Gefühle, Gedanken und Bilder in hellen pastelligen Farben. Negative Gefühle, Gedanken und Bilder wirken farblos, grau bis sehr dunkel. An diesen Stellen ist der Lichtfluß gehemmt.
Das kann viele Ursachen haben.

Oft haben wir an solchen Stellen negative Erfahrungen aus anderen Leben gespeichert. Oder wir haben uns durch schwere Erfahrungen in der Kindheit dort innerlich verschlossen.
Wir alle haben in uns bewußte oder unbewußte Angst gespeichert. Immer wieder kommen wir in unserem Leben an einen Punkt, an dem wir uns entscheiden können, die Angst in uns sich ausweiten zu lassen oder sie zu wandeln in Kraft für unser Leben.
Die beiden Übungen in diesem Buch helfen Ihnen, das zu wandeln, was Ihnen Kraft raubt, sei es Angst, Trauer, Unsicherheit oder innerer Schmerz.
Unser Leben wird nicht perfekt durch Übungen, Workshops oder Therapien. Wir werden nicht immer heil, reich, glücklich oder gesund sein. Unser Leben wird immer auch von Krisen, Krankheiten oder Schwächen begleitet sein. Doch wir können lernen, unser Leben mit seinen Möglichkeiten zu erkennen und zu akzeptieren. Und wir können in uns einen Kern finden, der leuchtet wie die Sonne.

2
Über praktischen Menschenverstand und Spiritualität

Vor vielen Jahren begann ich, mit spirituellen und mystischen Erfahrungen mein Bewußtsein zu erweitern. Ich löste mich von bekannten und erlernten Wertvorstellungen. Ich erlebte mein Leben nicht nur als mein jetziges Leben, sondern als Entwicklungsprozeß innerhalb vieler vergangener und zukünftiger Leben. Jedes trug viele Erfahrungen bei, verwoben mit anderen Menschen in anderen Beziehungen. Ich erlebte mich in vielen verschiedenen Rollen, als Opfer und Täter in einem komplizierten Geflecht aus Ursache und Wirkung.

Ich hatte Zugang zu den Realitätsebenen, in denen wir selbst unsere Wirklichkeit erschaffen und uns freiwillig, in tiefster Akzeptanz und Liebe, für ein Leben entscheiden, auch wenn es noch so schrecklich sein sollte. Nie begegnete ich einer Instanz, die straft. Immer lag die Instanz, die alles beurteilt, verurteilt, straft oder lobt, in mir selbst, in meinem eigenen

Herzen. Je mehr sich unser Bewußtsein erweitert, desto weiter wird unser Herz.
Auch in unserem jetzigen Leben kann nur unser Herz im tiefsten Inneren entscheiden, was gut oder falsch für uns ist. Unser Höheres Selbst, das die Summe aller Erfahrungen aus unseren vielen Leben kennt, kann uns auch in ein Leben der Verengung und Negativität leiten, denn auch diese Erfahrungen gehören zu uns.
Nur Liebe zu predigen, kann zu einer Doppelmoral führen oder zur Abhängigkeit, denn wer kann immer beurteilen, wo die Wahrheit oder die Liebe sich verstecken?
Viele esoterisch orientierte Menschen lehnen die sogenannte Kopflastigkeit ab. Sie meinen, es solle nicht soviel nachgedacht und nicht soviel hinterfragt werden, weil doch eigentlich alles ganz einfach sei.
Es gehe doch hauptsächlich um die Liebe oder um das Einssein mit Gott oder um das Nichts oder die Bedürfnislosigkeit oder etwas ähnliches – je nach Kultur oder Glaube.
Auch ich habe in veränderten Bewußtseinszuständen die absolute Einfachheit oder das Einssein mit Allem erlebt und die tiefe Liebe, die in allen Lebewesen schwingt.
Ich fühlte und sah, daß alle existierende Materie und

alles Bewußtsein auf der höchsten Ebene zu einer Lichtenergie verschmelzen. Auch hinter Haß und Zerstörung fühlte ich die Liebe, denn in der dualen Welt muß ein Gegenpol geschaffen werden zu Einheit und Harmonie.
Trotzdem bleibt auch für mich das Leben sehr kompliziert. Und ich finde weiterhin die spirituellen Dimensionen, mit denen wir so verwoben sind, in ihrer unendlichen Vielgestaltigkeit sehr kompliziert.
Wir brauchen unseren Intellekt, auch in spirituellen Fragen.
In unserer christlich geprägten Kultur wird die höchste spirituelle Energie Gott genannt.
Je nach Erziehung, Bildung oder Intuition steht Gott für die Schöpfung ganz allgemein oder für alles, was wir uns nicht erklären können. Oder für eine moralische Instanz, die Gut und Böse beurteilt. Oder für eine Vaterfigur, die uns seelisch betreut und begleitet und Liebe verspricht oder entzieht.
In den heutigen spirituellen Bewegungen übernimmt meist ein Guru oder eine jenseitige Autorität die Rolle des Vaters, der bestimmt, über moralische Fragen entscheidet und straft oder lobt.
Doch das sogenannte Jenseits ist kein fremdes Land, sondern es ist die Fortführung und Ergänzung unseres jetzigen Lebens. Niemand kann von dort aus die

Verantwortung für unser hiesiges Leben übernehmen. So wie in unserem jetzigen Leben niemand über uns entscheiden sollte, so soll auch keine jenseitige Persönlichkeit über uns entscheiden. Kein Außerirdischer, keine jenseitige Channel-Persönlichkeit und keine mit Strafe drohenden Götter oder Gurus können uns die Verantwortung für unser Leben abnehmen.

Wir alle brauchen RatgeberInnen für unser Leben. Ihren Wert für uns erkennen wir daran, ob sie uns helfen, die Verantwortung für uns selbst zu übernehmen. Helfen sie uns, daß wir uns stark fühlen? Helfen sie uns, daß wir unsere eigene multidimensionale Schönheit erkennen?

Das Wissen über die Kräfte feinstofflicher Energien und deren Gebrauch birgt die Möglichkeit von Macht und Machtmißbrauch.

Jede spirituelle Gruppe sollte demokratische Strukturen haben; jeder und jede sollte sich frei innerhalb und außerhalb der Gruppe bewegen können. Das Prinzip der Freiheit und Freiwilligkeit sollte ebenso dazugehören wie das Fehlen jeglicher Strafandrohung, egal, wie fein die Strafe sei.

Alle Übungen und Rituale sollten erklärt und begründet werden. Niemand kann entscheiden, ob andere würdig sind, über Geheimnisse von spirituellen Kräften zu verfügen.

Hier auf der Erde brauchen wir Regeln und Gesetze. Wir erwarten überzeugende Begründungen, wenn wir uns nach ihnen richten sollen. Wir tragen die Verantwortung für unsere Handlungen.
Unser Bewußtsein bestimmt, wie weit oder eng wir die Welt oder unsere eigene Existenz sehen. Es ist unsere freie Entscheidung, ob wir nur in der Begriffswelt der heutigen Naturwissenschaft leben oder die dort aufgezeigten Grenzen erweitern wollen.
Die wissenschaftliche Begrenzung hat den Vorteil, daß wir das angenehme Gefühl haben, uns auf sicherem Boden und in gesellschaftlich anerkannten Denkmustern zu bewegen. Was jedoch gestern in der Wissenschaft undenkbar war, ist heute Realität. Unglaublichkeiten von heute können zur wissenschaftlichen Realität von morgen werden. Wenn wir heute den sogenannten wissenschaftlichen Boden verlassen und uns in spirituelle Bereiche begeben, sollten wir immer wieder alles hinterfragen, innerlich frei und fest auf dem Boden der alltäglichen Realität bleiben.
Dann kann unser Geist fliegen, ohne sich zu verlieren, und wir können gleichzeitig ein praktischer Mensch und ein multidimensionales Wesen sein.
Beides lebt in uns. Beide Seiten wollen respektiert und integriert sein.
Die Fähigkeit, theoretische Modelle zu entwickeln,

neues Wissen zu erforschen, Lösungen und Antworten zu finden, gehört zu den wunderbaren menschlichen Eigenschaften. Sie dienen der Bewußtseinserweiterung wie das Leben selbst.

3
Über die Aura des Körpers und die Aura der Erde

Jede Schicht unserer Aura schwingt in einer eigenen Lichtfrequenz, die wir als höher oder niedriger bezeichnen.

Wir bezeichnen niedere Lichtfrequenzen als dichtere Schwingungen und höhere als feinere Schwingungen. Die Lichtfrequenz der Aura nimmt nach außen hin zu. In Körpernähe schwingt das Licht dichter. Dort spiegeln sich die Organe mit ihren Krankheiten.

In der nächsthöheren Lichtfrequenz finden wir unsere Gefühlswelt mit allen Erfahrungen, die wir in vergangenen und im jetzigen Leben gemacht haben. In der wieder nächsthöheren Lichtfrequenz finden wir unseren geistigen Entwicklungsweg und unsere Einbindung in Gesellschaft und Zeit.

In der feinsten Lichtschwingungsschicht unserer Aura fließen alle Informationen unserer Gesamtpersönlichkeit zu einer strahlenden pastellfarbenen hellen Lichtkugel zusammen.

In diesem Licht sind alle persönlichen und kollektiven Informationen enthalten, die alle unsere Leben auf der Erde betreffen.
Licht ist Information, und erst langsam fängt die Wissenschaft an, das Licht als Informationsträger zu entdecken, das in unserem physischen Körper, in unserer Aura und darüber hinaus wirkt.
In jeder unserer Auraschichten befindet sich ein Lichtzentrum, in dem alle einfließenden und vorhandenen Informationen unseres Lebens in die nächsthöhere oder niedrigere Schicht transformiert werden. All das ist ein fließendes, sich immer im Wandel befindliches Lichtspiel in vielen Farben.
Die Lichtzentren unserer Aura werden Chakren genannt. Wir haben 7 Hauptchakren, die entlang der Wirbelsäule in der Mitte unseres Körpers sitzen.
Wir leben in einer Welt der Dualität. Wir werten alles in unserem Leben als positiv oder negativ. Alle positiven Gefühle, Charakterzüge oder schönen Erlebnisse spiegeln sich in lichten Farben in der Aura. Alle negativen Ereignisse oder Krankheiten und Schmerzen sind wie dunkle Schatten zu sehen. Dort fließt Licht nicht ungehemmt durch alle Schichten. Wir sind dort nicht im Lichtfluß.
Medizinen, Therapien wie die Psychoanalyse oder feinstoffliche Heilungsmethoden wie die Homöo-

pathie oder Akupunktur aktivieren den Lichtfluß in unserem Körper und in unserer Aura. Alle feinstofflichen Ebenen fließen ineinander und in den Körper. Alles zusammen bildet eine Einheit.
So wie wir nicht nur einen festen Körper, sondern auch einen feinstofflichen Körper haben, so hat auch die Erde um den festen Körper, den wir kennen, einen feinstofflichen Energiekörper, die Aura der Erde. Auch sie schwingt in verschieden dichten Lichtfrequenzen. Diese verschiedenen Frequenzen haben ihre Entsprechung in unserer Aura.
So wie wir unsere verschiedenen Auraschichten unsere verschiedenen Dimensionen nennen können, so nennen wir die verschiedenen Auraschichten der Erde die verschiedenen Dimensionen der Erde.
Über die Lichtfrequenzen unserer verschiedenen eigenen Dimensionen sind wir mit den entsprechenden Dimensionen der Erde immer in Kontakt.
Wir schwingen also gleichzeitig hier und dort.
Wir leben in beiden Welten, meist ohne daß uns das bewußt ist. Energieströme pulsieren ständig hin und her. Unser Leben und unsere Entwicklung auf der Erde stehen im ständigen Energieaustausch mit allen feinstofflichen Dimensionen der Erde und ihrer Lebewesen. Alles ist in Verbindung miteinander und tauscht sich aus, Menschen, Tiere, Pflanzen, Erde.

Wenn wir sterben, hinterlassen wir hier nur unseren materiellen Körper, der sich auflöst. Unser feinstofflicher Körper bleibt erhalten und lebt weiter in anderen Dimensionen, bis wir wiedergeboren werden.
Alle Dimensionen sind bewohnt wie die Erde. Da die Strukturen in anderen Dimensionen nicht so fest sind, nehmen wir dort Energieströme intensiver wahr und fühlen uns nicht so getrennt voneinander wie hier auf der Erde.
In den feinstofflichen Dimensionen leben auch geistige Wesen. Sie sind so real wie wir. Je nach Kultur und Zeitalter werden diese Bewohner Engel, Naturwesen, Teufel oder Dämonen genannt. Wesenheiten, die wir mit Angst und Schrecken verbinden, leben in verdichteten Dimensionen. Diese Dimensionen werden im Christentum pauschal Hölle genannt. Es gibt verschieden verdichtete Dimensionen, in denen Trauer, Leid und viele Formen der Negativität vorherrschen. Diese Dimensionen sind keine Orte der Strafe, sondern Orte verengten Bewußtseins. Wandeln und befreien wir die Verengungen unseres Bewußtseins, können wir diese Dimensionen wieder verlassen.
Jeder Mensch hat Anteile seines Bewußtseins in lichten und in dunklen Welten, ob er auf der Erde lebt oder in anderen Dimensionen.

Unsere Gefühle sind wie Energiebrücken in diese Welten. Verstärken wir Positivität in uns, öffnen wir uns den lichten Welten.
Durch unsere Wünsche helfen uns feinstoffliche Bewohner dieser Welten, in die eine oder andere Richtung zu gehen. Wir haben die Wahl zu gehen, wohin wir wollen, im Einklang mit unserem Höheren Selbst. Wir verengen und erweitern uns mit Hilfe unserer vielen Erdenleben. Wir erfahren Verengung durch Schmerz. Wir erfahren Erweiterung durch Glück und Schönheit.
Gehen wir nach unserem Tod in die Lichtwelten, erleben wir auch dort Tag und Nacht. Wir nehmen die astrale Nacht nicht dunkel wahr, sondern silbern.
Auch dort gehen wir in einen schlafähnlichen Zustand, in dem wir uns ohne Angst dem unbewußten Unbekannten zuwenden. Gehen wir nach unserem Tod in die Schattenwelten, erleben wir auch dort Tag und Nacht. Am Tag sehen wir dort die Sonne nicht. Das Licht ist fahl und grau. Die Atmosphäre ist schwer. Die Nacht ist dunkel und bleiern. Gehen wir dort schlafen, geht unser unbewußter Anteil in die Lichtwelt.
Nie sind wir getrennt vom Licht. Auch in den Schattenwelten sind wir nie getrennt vom Licht. Dort sind wir nur verengt und können Licht nicht wahrnehmen,

so wie wir hier auf der Erde im tiefen Unglück Licht als Gefühl von Freude nicht wahrnehmen können.
Der Mond schwingt zwischen Licht- und Schattenwelten. Er ist keine Lichtquelle. Seine silberne Energie bestimmt den Rhythmus zwischen Hell und Dunkel, Tag und Nacht, Weite und Verengung.
Auch in unserem jetzigen Leben bestimmt der Mond unseren Lebensrhythmus. Seine Energie läßt uns schwingen zwischen Tag und Nacht, Bewußtsein und Unterbewußtsein, zwischen den Gefühlen von Angst und Vertrauen.
Menschen, Tiere, Pflanzen, wir alle sind über unsere Aura in Verbindung miteinander. Und mit der Aura der Erde.
Wie die Erde haben auch die Sonne und der Mond eine Aura, so wie alle anderen Planeten und Himmelskörper unseres Universums.
Alle Sonnen, Monde, Planeten und Himmelskörper aller Universen schwingen in verschiedenen Auren. Über die Aura der Erde sind wir mit allen Sonnen, Monden und Himmelskörpern unseres Universums und aller anderen Universen verbunden. Wir sind im Kontakt und im Austausch. In goldenem und silbernem Licht sind wir vereint in Licht und Bewußtsein und schwingen miteinander in einer universellen Sprache.

4
Über die Wirkung der beiden Übungen in diesem Buch

Beide Übungen arbeiten mit der Visualisierung von goldenem und silbernem Licht. Und mit Symbolen. Die Wirkung ist sehr stark. Goldenes und silbernes Licht strahlt in jeder Zelle jedes Lebewesens. Dieses Licht symbolisiert die höchste spirituelle Energie. Sie läßt uns leben. Sie ist das, was als göttlicher Funke bezeichnet wird.

Mit den beiden Übungen dieses Buches verstärken wir diese inneren Lichtquellen in uns.

Goldenes und silbernes Licht erhellt die Schatten auf Ihrer Seele und beleuchtet alle Farben Ihrer Aura. Ihre Seele gewinnt Kraft und Stärke. Ihre Seele gewinnt Vertrauen. Lichtkraft wächst in Ihnen und strahlt aus Ihnen und in Ihr Leben.

Die Lichtkraft ist unser spirituelles Zentrum. Sie ist die Kraft unserer Mitte, die Kraft, dem Leben und Sterben mit dem inneren Wissen um unsere Unzerstörbarkeit mutig zu begegnen.

Die Lichtkraft schenkt uns Vertrauen in uns selbst, in unser Leben und in unser Schicksal. Unser Verstand allein kann diese Kraft nicht begreifen.
Durch die Symbole Kreis und Strahl fließen uns Weisheit und das universelle Wissen von Jahrtausenden zu. Die Kraft, die in diesem Wissen liegt, ist unendlich. Sie ist das Geheimnis des Lebens. Sie ist die höchste göttliche Kraft.
Über die Symbole lassen wir den unbekannten wissenden Teil in uns arbeiten. Wir aktivieren unendliche Kraftquellen in uns.
Wir aktivieren höchste Kräfte, die in uns liegen, aber vergessen oder nicht bewußt sind. Wir erschließen uns den Raum, der jenseits unseres Wissens liegt. Wir lernen, Vertrauen und Kraft zu schöpfen aus der Tiefe des Universums, dort, wo im höchsten spirituellen Licht alles Leben zusammenfließt zu unendlicher Lichtenergie.
Das silberne Licht aller Monde des Universums schwingt in uns im Rhythmus des Wandels. Das silberne Licht gibt uns die Sicherheit, unzerstörbar und unendlich zu sein. Alle Sonnen, alle Himmelskörper des Universums schwingen in uns mit der unendlichen Schönheit der Schöpfung.
Mit den spirituellen Übungen in diesem Buch können wir die Chance nutzen, durch unsere Vorstellungs-

kraft Licht und Weisheit in uns strahlen zu lassen. Die Übungen lassen Lichtstrahlen in uns entstehen, die mit großer Kraft unser Innerstes anstrahlen und weiterstrahlen bis in die Unendlichkeit hinein.

5
Über den richtigen Zeitpunkt für die Übungen

Immer. Jederzeit. In jedem Raum. Draußen oder drinnen. Mit anderen Menschen zusammen oder allein.

Wenn Sie spazierengehen oder einkaufen. Zwischendurch. Bei der Arbeit. In jeder Sekunde, in der Sie sich an die Übungen erinnern oder einen inneren Mangel an Licht verspüren oder sich ängstlich und verzagt fühlen.

Oder einfach nur aus Vergnügen. Sie lassen die beiden inneren Bilder in sich entstehen. Wie einen Gedankenblitz oder eine Idee. Oder Sie lassen die Bilder länger mit der Atmung in sich fließen.

Ob Sie Kaffee oder Tee getrunken haben, spielt keine Rolle.

Sie können die beiden Übungen auch als Meditationsübungen verwenden. Das Symbol auf dem Buchumschlag und auf der beiliegenden Karte eignet sich als Meditationsbild.

Es ist wunderbar und fruchtbar, täglich zu meditieren und sich dazu in einen besonderen Raum und in sich zurückzuziehen.
Es ist ebenso wunderbar und fruchtbar, wenn Sie die Übungen dieses Buches in Ihren Alltag integrieren, wo immer Sie sind oder was immer Sie tun.
Damit können Sie lernen, Ihre spirituelle und praktische Seite gleichzeitig und parallel zu leben.
Das eine bereichert das andere, und wir sind ja alle ganz gut darin geübt, mehrere Dinge gleichzeitig zu tun.
Sind wir mit anderen Menschen zusammen, senden wir Bilder und Gedanken aus, bewußt oder unbewußt. Diese nicht offene Sprache wird von unserem Gegenüber auf feinstofflicher Ebene aufgefangen.
Visualisieren Sie im Beisein anderer Menschen die goldene und silberne Lichtübung, dann geben Sie alle in den Übungen enthaltenen Informationen als Lichtinformationen weiter. Ob andere diese Informationen annehmen wollen, entscheiden sie selbst auf bewußter oder unbewußter Ebene.
Spirituelle Übungen im Alltag sind also nicht nur für Sie allein schön, sinnvoll und heilend, sondern auch für Ihre Umgebung. Alles ist miteinander verwoben und bildet eine Einheit. Wird es für uns selbstverständlicher, die verschiedenen Dimensionen

unseres Selbst zu integrieren, weitet sich unser Bewußtsein.
Wir sind beides, physische und multidimensionale Wesen, und alle Aspekte in uns können zu einem Ganzen werden.

6
Über die Bedeutung von Symbolen

In den beiden Übungen dieses Buches arbeiten wir mit den Symbolen Kreis, Linie, silbernes und goldenes Licht. Symbole werden als Sprache des Unbewußten bezeichnet. In der Psychologie beschränkt sich das Unbewußte auf den Teil unseres jetzigen Lebens, den wir verdrängt oder vergessen haben.
Träume gehören zur Sprache des Unbewußten, die uns in Szenen und Bildern Verdrängtes oder Vergessenes bewußt machen können.
Spirituell betrachtet ist das Unbewußte nicht nur ein Teil unserer Seele in diesem Leben, sondern auch alles Vergessene und Unbekannte aus vielen anderen Leben, die wir schon gelebt haben.
Spirituell betrachtet sind wir multidimensional und unendlich wissend.
Der unbewußte oder unbekannte Teil unseres Selbst hat Erfahrungen und Kenntnisse aus vielen Leben gespeichert.
Durch Therapien arbeiten wir an uns, um uns von den

Wirkungen negativer Erlebnisse zu befreien. Meditationsübungen oder spirituelle Übungen setzen an einem anderen Punkt an. Wir betrachten nicht das Negative in uns, sondern aktivieren durch symbolische Übungen oder Visualisierungen positive Lichtanteile in unserem Körper und in unserer Aura. Damit erhellen wir die dunklen Stellen in uns.

Da Licht die Dunkelheit verdrängt, also stärker ist als Schatten, funktioniert diese Methode entsprechend gut.

Die Psychoanalyse ist der Weg, durch bewußte Erkenntnis Negativität in uns zu lösen. Die spirituelle Übung ist der Weg, durch unbewußtes Wissen Negativität in uns zu lösen.

Keine Methode ist besser oder wirksamer als die andere. Wir können beide Methoden zusammen benutzen, da sie sich ergänzen. Oder wir spüren, daß eine der Methoden in bestimmten Lebensphasen wirksamer ist.

Um die vielen verschiedenen Informationsebenen von Symbolen zu verstehen, brauchen wir sehr viel Wissen. Betrachten wir das Abbild eines Symbols, bekommt nicht nur unser Unterbewußtsein Informationen, sondern, spirituell gesehen, empfängt auch unsere Aura Informationen auf allen Ebenen.

Für die Übungen in diesem Buch verwenden wir

Ursymbole. Dazu gehören der Kreis oder die Kugel, die Linie oder der Lichtstrahl, der Punkt oder das Zentrum. In den Interpretationen der Ursymbole ist die Weisheit aus Jahrtausenden enthalten.
In allen Kulturen und Religionen finden wir die gleichen Interpretationen für diese Ursymbole. Die Kraft und Energie des universellen Wissens ist in ihnen verdichtet.
Ebenso wie in Symbolen finden wir in Begriffen viele Bedeutungsebenen. Unser Bewußtsein oder unsere Zielsetzung entscheidet, auf welcher begrifflichen Ebene wir die Symbole anwenden. Entsprechend ist die Wirkung auf unser Unterbewußtsein. Unsere Aura hat verschiedene Schichten, die in unterschiedlichen Lichtfrequenzen schwingen. Jede dieser Schichten stellt sich für uns in einer bestimmten Farbe dar, die bestimmte Inhalte symbolisiert.
In unserer Kultur ist Rosa die Farbe der Liebe. In der Aura zeigt Rosa unsere Herzebene. Alle Gefühle von Liebe und Haß zeigen sich auf dieser Ebene. Liebe läßt unsere Aura in lichten rosafarbenen Strahlen schimmern. Haßgefühle verdunkeln diese Schwingungsebene. Sehen wir auf ein rosafarbenes Bild, wird unsere Herzebene aktiviert.
Wir bekommen also nicht nur durch symbolische Formen bestimmte Informationen, sondern auch

durch Farben. Die angewandte Psychologie kennt und nutzt die Bedeutung von Farben und ihren symbolischen Inhalten. Bei bestimmten Meditationstechniken, die mit den Lichtorganen der Aura, den Chakren, arbeiten, werden mit Farbvisualisierungen Informationen in die Aura und damit auch in unseren Körper geleitet.

All dies sind Möglichkeiten, die Kraft der Symbole und das in ihnen gespeicherte Wissen zu nutzen.

Farben und Formen sind für uns relativ einfach zu beschreiben. Schwerer ist es für uns, das Wesen des Lichtes zu begreifen.

Licht brauchen wir zum Leben. Licht nährt uns. Durch Licht nehmen wir die Welt wahr.

Die Sonne beleuchtet unseren Heimatplaneten und die Planeten unseres Sonnensystems.

Licht dehnt sich aus bis in die Unendlichkeit.

Die Energie erlischt nie, sie wird für uns nur unsichtbar.

Arbeiten wir spirituell mit Licht, wie in den hier beschriebenen Übungen, wirkt das Licht weit über die Grenzen unseres Verstandes hinaus. Es schwingt in unserer Aura, es schwingt in die Aura der Erde und unendlich weit in alle Dimensionen.

Die Symbole der visuellen Übungen sind also ein Hilfs- oder Transportmittel, um für uns unfaßbare

Energien und Kräfte auf bewußten und unbewußten Ebenen zu nutzen und zu verstärken.
Da die Inhalte der Symbole so reich und umfassend sind, erweitern wir also mit den spirituellen Symbolübungen auf mühelose erfreuende und Kraft spendende Art und Weise unser Bewußtsein.

7
Über die Symbole der beiden Übungen

Der Nabel
Der Punkt
Das Zentrum

Der zentrale Ort in uns.
Das Zentrum, über das wir am Anfang unseres Lebens genährt werden.
Der Eintritt aller Nahrung über die Nabelschnur.
Das Zentrum, von dem aus sich jede Empfindung im Körper ausbreitet.
Das Zentrum des für alle Empfindungen zuständigen Nervengeflechts.
Unsere innere Mitte.
Der Ort der Verbindung unseres Wesenskerns mit dem Körper und allen Auren.
Der Ort, an dem unser Leben im Körper beginnt und endet.
Das spirituelle Zentrum unseres Lebens, in dem die Kraft der Sonne und aller Sonnen strahlt.
Die konzentrierte innere Kraft.

Der Punkt im astrologischen Sonnensymbol als Zentrum des Ichs.
Anfang, Ende und Unendlichkeit.
Der Punkt, von dem sich alles ausbreitet.
Der Punkt als Zentrum der horizontalen und vertikalen Linie, das die endliche und die unendliche Welt vereint.
Der Ort für die Entstehung unseres Lebens und die Entstehung der Erde.
Der göttliche Standort des Lichts.
Die Mitte des Weltenkreuzes, in dem sich Himmel und Erde treffen.
Der Ausgangspunkt für die Wiederkehr und der Ort der Abreise.
Das Zentrum ist das Potentielle aller Möglichkeiten.
Der Ort, aus dem Raum entsteht, der Ort, aus dem Bewegung und Form entstehen.
Die Kraft der Mitte, die allem in ihrer Umgebung Sinn gibt.
Alles im Zentrum ist überall wirksam.

Der Kreis
Die Kugel

Die Erde als unsere Heimat. Mutter Erde.
Die Sonne als Licht- und Lebensspenderin.

Der Mond im Rhythmus der Zeiten.
Alle Planeten. Die Zelle, die den Zellkern nährt und schützt. Heimat des Zellkerns. Die Gebärmutter als umsorgende Hülle.
Vollkommenste Form, die Urform des Anfangs.
Anfang und unendliche Wiederkehr.
Enthält die Gesamtheit aller Möglichkeiten in der unendlichen Welt.
Ganzheit.
Anfang und Ende gleichzeitig.
Die den Raum umschließende Zeit.
Die Form, die unser Zentrum umfängt.
Die unendliche Freiheit innerhalb der Form.
Vollendung.
Die Null, die dem Nichts Form gibt.
Die Form, die uns schützt und umsorgt.

Die Nabelschnur

Verbindung zur Mutter.
Ursprünglicher Kanal für Nahrung und Wachstum.
Ursprünglicher Kanal für Gefühle und Empfindungen.
Verbindung zum Leben und Wachstum.
Wachstum des Vertrauens in unseren physischen Körper über die Mutter.

Fessel an die Mutter, aber auch Verbindung zu den unendlichen Möglichkeiten der Inkarnationen im physischen Körper.
Der Weg der Kraft.

Die Linie

Die horizontale Linie als begrenzte Welt.
Die Erde.
Die vertikale Linie als unendliche Welt.
Der Himmel.
Der Lichtstrahl in die Unendlichkeit.
Licht aus dem Zentrum strahlt horizontal und vertikal und bildet die zwei Linien des Weltenkreuzes.

Die Silberschnur

Die Verbindung unseres physischen Körpers mit den feinstofflichen Körpern. Energiestrom der Bindung an physische und astrale Körperformen.
Göttlicher Anteil der Trennung.
Als vertikale silberne Linie die unendliche Wiederkehr in einen Körper.
Als horizontale silberne Linie die Versorgung der begrenzten Welt unseres Körpers mit silbernem Licht.
Wissen um die Unzerstörbarkeit der Form.

Die Goldschnur

Fluß der göttlichen Energie, die unendlich fließt, ohne Anfang und Ende.
Goldener Lichtstrahl, der alles vereint.
Goldener Lichtstrahl als Unendlichkeit des Universums.
Die goldene Lichtkette, an der alle Möglichkeiten hängen.
Der goldene Lichtstrahl, der alle Anteile unseres Selbst vereint.
Die göttliche Verbindung mit unserer unendlichen Existenz.
Die Essenz unseres Lebens, vereint mit der Schöpfung.

Das silberne Licht

Höchstes Wissen um die Form, um die Trennung als Erfahrung ohne Schmerz.
Die Idee der Trennung.
Licht ohne Angst.
Wissen um die Schatten als Ausdruck von Licht.
Silbernes Licht teilt sich aus goldenem Licht und nimmt Gestalt an.
Silbernes Licht formt den Rhythmus von Leben und Sterben.

Klares Wissen.
Silbernes Lichtbewußtsein formt und läßt Form und Individualität unzerstörbar sein.
Ewiger Wandel der Form.
Silbernes Licht beleuchtet den Schatten.
Bewußtsein der Bindung an den Körper, an unendlichen Orten in unendlich vielen Körpern im Wandel der Zeiten.
Der Körper als göttliche Ausdrucksform der Trennung ohne Schmerz.

Das goldene Licht

Die Essenz des Lichts.
Höchste Schwingung des Lichts.
Licht ohne Zentrum und ohne Schatten.
Reinste Form von Bewußtsein ohne Form.
Höchste Transzendenz. Das aus sich herausleuchtende Licht.
Die erste Manifestation aus dem Nichts.
Höchste Bewußtseinsform über die Schöpfung im gesamten Kosmos. Höchste Vereinigung als Bewußtsein mit aller Kraft des Ursprungs. Bewußtsein der höchsten spirituellen Einheit mit allem Lebenden.
Die Kraft aller Sonnen ohne Ort.
Höchste Lichtschwingung in allem Lebendigen.

Essenz aller Form ohne Zeit und Raum.
Die Seele.
Das Glück, nicht getrennt zu sein. Einssein mit allem Leben im Kosmos.
Glückseligkeit. Vollendung. Erleuchtung.
Die höchste Göttlichkeit in uns.
Urvertrauen in unsere Existenz.

8
Die Übungen

Atmung und Affirmation

Atmen Sie bei beiden Übungen ruhig und gleichmäßig im Dreierrhythmus: Einatmen, ausatmen, Atempause.
Die Goldübung symbolisiert die Einatmung, die Silberübung die Ausatmung.
Falls es Sie nicht irritiert oder durcheinanderbringt, beginnen Sie die Goldübung am besten mit dem Einatmen und die Silberübung mit dem Ausatmen.
Die Affirmation dient der Erinnerung an die Inhalte und Gefühle, die Sie mit den beiden Übungen in sich aktivieren. Es reicht, sie ab und zu durchzulesen.

Die Goldübung

Stellen Sie sich vor:
Ein Strahl aus goldenem Licht strömt in Ihren Bauchnabel und läßt dort eine Sonne aus goldenem Licht entstehen.
Die goldene Lichtsonne strahlt in Ihrem Körper und aus Ihrem Körper hinaus.
Lichtstrahlen tragen das Licht unendlich weit.
Sehen Sie sich als strahlende Sonne, so weit strahlend, wie Sie möchten. Alles im Zentrum wirkt überall, deswegen spielt die Größe der Sonne in Ihnen keine Rolle.
Wiederholen Sie das Bild, so oft Sie möchten oder halten Sie es fest, so lange Sie möchten, Sekunden oder Minuten. Ihr Gefühl wird Ihnen sagen, wieviel Vertrauen in Ihr Leben Sie verstärken wollen.

Affirmation zur Goldübung

Die goldene Nabelschnur versorgt mich mit der höchsten goldenen Kraft. Sie ist Ursprung und Kraftquelle meines Lebens. Durch sie bin ich im Einklang mit meinem Höheren Selbst, mit allen Anteilen meines Selbst, die

mich durch alle Auren, alle Leben und alle Universen leiten. Ich bin universell und im Licht.
Ich bin in meiner Mitte. Ich bin eins mit der Sonne, die in mir strahlt und die eins ist mit dem Zentrum der Erde und allen Sonnen in allen Universen.
Licht strahlt aus mir in alle Richtungen, denn Licht strömt immer weiter und ist Teil meiner Unendlichkeit.
Ich bin in meinem Zentrum aus Licht.
Mein Sonnenzentrum ist die Quelle meiner Kraft.

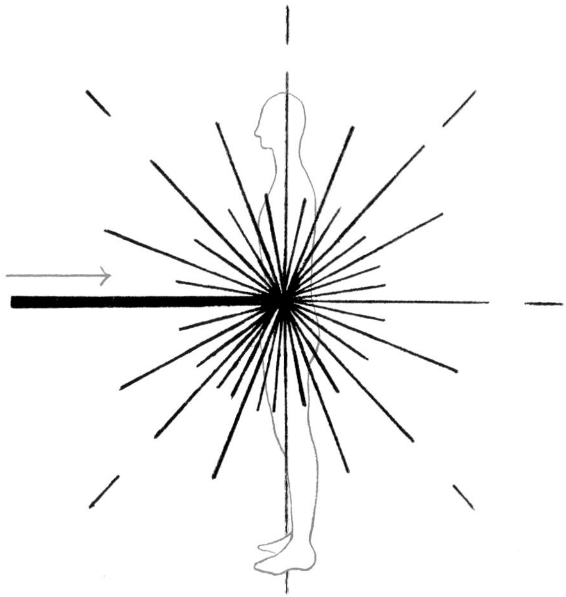

Die Silberübung

Stellen Sie sich vor:
Ein Strahl aus silbernem Licht strömt aus Ihrem Bauchnabel. Der silberne Lichtstrom teilt sich in etwa einem Meter Entfernung vom Körper und formt um Sie herum eine silbern schimmernde Lichtkugel. Diese silberne Lichtkugel bildet eine schützende Lichthülle um Sie. Auch Ihr Körper schimmert in silbernem Licht.
Wiederholen Sie das Bild, so oft Sie möchten oder halten Sie es fest, so lange Sie möchten, Sekunden oder Minuten. Ihr Gefühl wird Ihnen sagen, wieviel Sicherheit Sie noch in Ihr Leben bringen möchten.

Affirmation zur Silberübung

Die silberne Lichtkugel gibt mir Schutz in meiner Individualität. Sie ist mein unzerstörbarer innerer Raum. Die silberne Lichtkugel und das silberne Licht in mir machen mich unzerstörbar.
Die silberne Nabelschnur versorgt mich mit der höchsten silbernen Energie, die ich für meine Sicherheit brauche.

Sie ist Ursprung für die Quelle meiner Individualität. Ich entscheide über mein Leben und über mein Sterben. Ich wandle mich. Ich bin unendlich und unzerstörbar. Nur mein Körper kann sterben, im Einklang mit mir und der Schöpfung.
Ich bin ein Teil von aller existierenden Energie und von allem individuellen Bewußtsein bis in die Unendlichkeit.

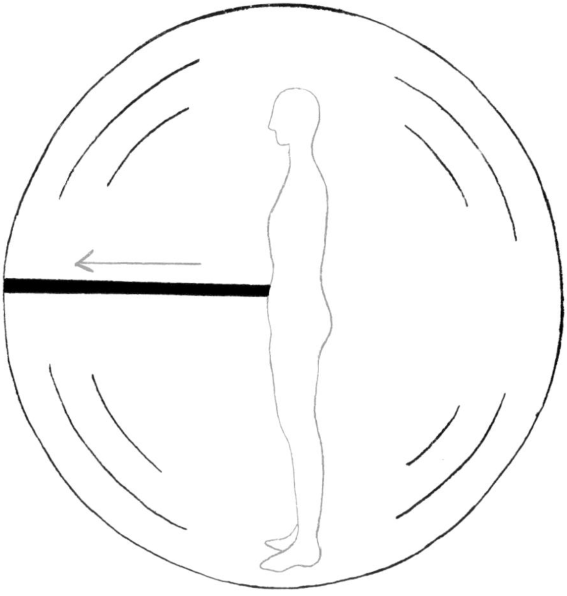

9
Über die beiden Übungen als Sterbebegleitung

Der Abschied von unserem Körper kann schwer sein. Wir haben gelernt, daß unser Körper unsere zentrale Heimat ist, der Sitz unserer Seele. Ihn zu verlassen, macht fast immer Angst, denn viele von uns können sich an ihr Leben in anderen Dimensionen nicht erinnern. Für spirituelle oder religiöse Menschen ist Sterben ein Übergang, kein Ende. Trotzdem ist dieser Übergang meist mit Angst verbunden.

Ich fand im Lauf der Jahre in mir und in vielen anderen Menschen immer wieder das Gefühlsmuster der Angst vor totaler Zerstörung oder Angst vor der Vernichtung der persönlichen Identität. Oft tragen wir diese Angst aus anderen Leben mit uns herum. In der Zeit des Sterbens sind wir mit dieser Urangst am heftigsten konfrontiert. Gläubige Menschen sterben leichter, da sie ihre Identität nicht nur auf ihre physische Existenz beschränken.

Ich habe mir den Moment meines Sterbens in anderen Leben oft angesehen. Von einer spirituellen Ebene aus betrachtet, scheint Sterben sehr leicht zu sein. Mit unserem Lichtkörper, der unserem jetzigen physischen Körper sehr ähnlich ist, verlassen wir den physischen Körper und betreten eine andere Welt. Der Lichtkörper ist »gesund« und heil und ohne Schmerzen. Die Last und das Leiden unseres Lebens oder des Sterbens fallen schnell von uns ab.

Je weniger Angst wir vor dem Tod haben, desto leichter wird der Übergang.

Die Vorstellung von Licht hilft beim Sterben, denn wir kommen aus dem Licht, wir leben von Licht, und wir gehen ins Licht zurück.

Vertrauen in andere Welten und das Vertrauen in die Unzerstörbarkeit der eigenen Identität erleichtern das Leben und das Sterben. Die beiden Übungen in diesem Buch geben uns genau dieses Vertrauen. Dazu brauchen wir keine religiösen oder gläubigen Menschen zu sein. Die in den Symbolen enthaltenen Informationen liegen jenseits aller Weltanschauungen.

Niemand braucht sich vor den Schattenwelten zu fürchten. Wenn Sie wissen, daß niemand außer Ihnen selbst Sie straft, können Sie sich selbst verzeihen und die Welt Ihrer eigenen Schatten verlassen.

Wir tragen dazu bei, die Licht- und Schattenwelten

zu erschaffen. Wir können in goldenem und silbernem Licht erstrahlen und die Furcht überwinden. In goldenem und silbernem Licht gibt es keine Wertung mehr. Diese Lichtschwingungen bilden die höchsten spirituellen Schichten unserer Aura. Sie wirken überall in uns und bleiben nach unserem Tod erhalten. Sie strahlen weiter, in alle zukünftigen, vergangenen und gegenwärtigen Zeiten und Leben.

Alle Informationen dieses Buches sind in dem Symbol auf dem Titelbild und auf der beiliegenden Karte zusammengefaßt.
Bei der Betrachtung des Symbolbildes auf dem Buchumschlag und der beiliegenden Karte bleiben Sie passiv, nehmen aber die Informationen des Symbolbildes auf. Mit der Anwendung der beiden Übungen beeinflussen Sie Ihr Leben aktiver und setzen Prozesse der Erweiterung in Gang.

Einem sterbenden Menschen können Sie auf unbewußter Ebene helfen, wenn Sie ihm das Symbolbild in die Nähe des Bettes hängen oder stellen. Wenn die Person das Bild nicht mehr wahrnehmen kann, können Sie die beiden Übungen selbst visualisieren und gedanklich anbieten, wie in einem gedanklichen Gespräch.

Vertrauen in die unsterbliche Individualität und in unser inneres goldenes göttliches Licht hilft, sich von Angst und auch vom körperlichen Leben zu verabschieden.

Und wenn Sie sich bei Ihrem eigenen Tod an die beiden Übungen oder das Symbol erinnern, wird es Ihnen helfen und Sie beschützen.

Bücher

Die beiden in diesem Buch beschriebenen Übungen aktivieren das achte und neunte Chakra außerhalb des Körpers.
Das Symbol auf dem Titelbild und auf der beiliegenden Karte zeigt das zehnte Chakra.

Falls Sie sich genauer über die feinstofflichen Energiezentren, die Chakren, informieren wollen, finden Sie ausführliche Beschreibungen und Interpretationen in meinem Buch »Power Meditation«, erschienen bei Zweitausendeins, Frankfurt/Main. Auch die Aura und die Dimensionen der Erde werden beschrieben.

Für weitergehend interessierte Leserinnen und Leser möchte ich die Bücher »Lichtarbeit« und »Lichtheilung« von Barbara Ann Brennan empfehlen. Beide erschienen im Goldmann Verlag, München.

Alle Menschen, die feinstoffliche Dinge wahrnehmen, interpretieren anders, denn niemand hat die gleichen Sichtweisen. So benennt und interpretiert Barbara Ann Brennan das goldene und silberne Licht in uns als die Hara-Linie und den Wesensstern des Menschen. Auch wenn ich einige Dinge anders wahrnehme, sprechen wir von den gleichen Energien. Außerdem finden Sie in beiden Büchern sehr viele Informationen über Heilung und die feinstofflichen Körper.

Über die Autorin

Eva Kroth, geboren 1948.
Fünf Jahre freie Fotografin, Buchveröffentlichung »Ansichten von Frauen«, 1978.
Seit 1980 Mitarbeit in einem Verlag.
1985 Buchveröffentlichung »Das Tierbuch«.
1994 Buchveröffentlichung »Power Meditation«.
Eva Kroth lebt in Schleswig-Holstein und arbeitet spirituell und praktisch für Tiere, Pflanzen und die Erde.

Dieses Buch, einschließlich Vorsatzpapier
und Einband, wurde auf Recyclingpapier gedruckt,
das zu 100% aus Altpapier besteht.